BEI GRIN MACHT SICH IHR WISSEN BEZAHLT

- Wir veröffentlichen Ihre Hausarbeit, Bachelor- und Masterarbeit

- Ihr eigenes eBook und Buch - weltweit in allen wichtigen Shops

- Verdienen Sie an jedem Verkauf

Jetzt bei www.GRIN.com hochladen und kostenlos publizieren

Bibliografische Information der Deutschen Nationalbibliothek:

Die Deutsche Bibliothek verzeichnet diese Publikation in der Deutschen Nationalbibliografie; detaillierte bibliografische Daten sind im Internet über http://dnb.d-nb.de/ abrufbar.

Dieses Werk sowie alle darin enthaltenen einzelnen Beiträge und Abbildungen sind urheberrechtlich geschützt. Jede Verwertung, die nicht ausdrücklich vom Urheberrechtsschutz zugelassen ist, bedarf der vorherigen Zustimmung des Verlages. Das gilt insbesondere für Vervielfältigungen, Bearbeitungen, Übersetzungen, Mikroverfilmungen, Auswertungen durch Datenbanken und für die Einspeicherung und Verarbeitung in elektronische Systeme. Alle Rechte, auch die des auszugsweisen Nachdrucks, der fotomechanischen Wiedergabe (einschließlich Mikrokopie) sowie der Auswertung durch Datenbanken oder ähnliche Einrichtungen, vorbehalten.

Impressum:

Copyright © 2017 GRIN Verlag
Druck und Bindung: Books on Demand GmbH, Norderstedt Germany
ISBN: 9783668919839

Dieses Buch bei GRIN:

https://www.grin.com/document/462620

Katja Kelzenberg

Start ups. Chancen und Risiken

GRIN Verlag

GRIN - Your knowledge has value

Der GRIN Verlag publiziert seit 1998 wissenschaftliche Arbeiten von Studenten, Hochschullehrern und anderen Akademikern als eBook und gedrucktes Buch. Die Verlagswebsite www.grin.com ist die ideale Plattform zur Veröffentlichung von Hausarbeiten, Abschlussarbeiten, wissenschaftlichen Aufsätzen, Dissertationen und Fachbüchern.

Besuchen Sie uns im Internet:

http://www.grin.com/

http://www.facebook.com/grincom

http://www.twitter.com/grin_com

1. Einleitung

In der heutigen Zeit nimmt der Trend zum Gründen von Start-ups immer mehr zu und immer mehr Menschen wollen mit ihrer innovativen Idee durchstarten.
Manchen gelingt es und manche scheitern daran.

Elf von zwölf Startups scheitern.[1]

Im Tagesspiegel erschien Anfang Februar im Tagesspiegel ein Artikel mit dem Titel „ Bei Start-ups ist Erfolg die Ausnahme".[2]

Dies zeigt auch die aufsteigende Tendenz von Fernsehshows zu diesem Thema.
Ein Beispiel dafür ist "Die Höhle der Löwen" eine VOX-Startupshow in der Menschen mit ihren Ideen und Konzepten die Chance bekommen, von erfolgreichen Unternehmern Unterstützung in finanzieller und beratender Funktion zu bekommen. Wenn es den Kanidaten gelingt mehrere oder einen Unternehmer in der Jury von sich zu überzeugen, bekommen sie die Unterstützung des jeweiligen Unternehmer.

Es ist eine große Herausforderung ein Unternehmen zu gründen und dieser stellen sich nur sehr wenige Menschen. Zur Beginn einer Geschäftsidee sind folgende Eigenschaften eines Gründers erwünscht: unternehmerischer Mut, Flexibilität und grenzenloser Optimismus. Die Anforderungen an die Gründer ändern sich mit zunehmender Größe ihres Start-ups. Auf ihrem Weg zum erfolgreichen Unternehmen bekommen die Gründer verschiedene Hilfestellungen, häufig von internationalen Unternehmen.[3]

Sehr oft sind sie durch prominente Beispiele wie Mark Zuckerberg (Erfinder von Facebook) dazu motiviert, aus ihrer ersten Idee ein erfolgreiches Unternehmen zu machen. Dieser Weg ist durch viele Herausforderungen geprägt. Zudem waren alle erfolgreichen Internet Unternehmen üblich auch Start -ups: Google, Facebook, Twitter, Amazon und YouTube.

In Boomzeiten gibt es immer viele Start-ups , für die Angestellten sowie die Investoren gibt es Risiken und Chancen in Startups, die man richtig bewerten soll.[4]

Möglichst viele Risikofaktoren kann man dennoch bereits vor der Gründung ausschalten.[5]

Die Darstellung stellt 11 Hemmnisse für den Erfolg von Start-ups dar.

---

1 Vgl. http://www.gruenderszene.de/allgemein/warum-startups-scheitern (Datum des letzten Zugriffs 07.11.2016)
2 Vgl http://blog.seedmatch.de/2013/03/01/von-den-chancen-und-risiken-eines-startup-investments/ (Datum des letzten Zugriffs 07.11.2016)
3 Vgl. Strauß 2015, S.11
4 Vgl. http://www.wallstreet-online.de/ratgeber/finanzen-steuern-versicherung/anlagen-und-investitionen/existenzgruendung-risiko-und-chancen-in-startups (Datum des letzten Zugriffs 07.11.2016)
5 Vgl. http://www.startups.de/de/informieren/risiken/risiken/ (Datum des letzten Zugriffs 07.11.2016)

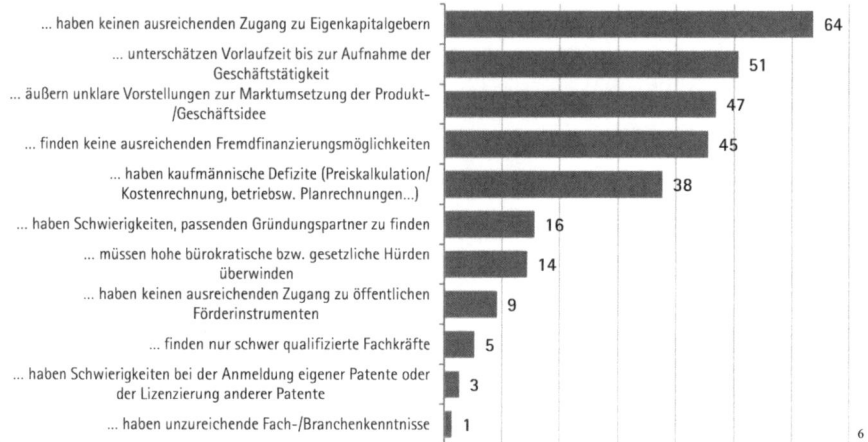

Ziel dieser wissenschaftlichen Arbeit ist es, die Chancen und Risiken eines Start-ups herauszuarbeiten und unter deren Gesichtspunkt eine mögliche Gründung eines Start-ups abzuwägen.
Im einleitenden Kapital wird als erstes der Begriff Start-up und die zusammenhängenden Begriffe näher erklärt und so eine Grundlage für das Thema Chancen und Risiken in Start-ups geschaffen. Unter der Berücksichtigung der Forschungsfrage werden die Voraussetzungen für ein Start-up herausgestellt.

Im dritten Kapital sind die Chancen im Allgemeinen dargestellt und die Finanzierungsmöglichkeiten für Start-ups.
Dazu werden noch die Chancen für das Arbeiten im Start-up gelistet.

Schließlich werden im dritten Kapitel die Risiken der Start-up identifiziert, sowie das zugehörige Ressourcenrisiko und die Risiken für das Arbeiten in Start-ups.
Im letzten Kapitel werde ich zum Fazit kommen.

2. Definition von Start-ups

Ein Start-up ist ein formal neu gegründetes Unternehmen.[7]

Es ist eine menschliche Einrichtung, die ein neues Produkt oder eine neue Dienstleistung in einem

---

6 Vgl. http://inventorscout.de/warum-scheitern-startup-unternehmen/ (Datum des letzten Zugriffs 07.11.2016)
7 Vgl. Strauß 2015, S.13

Umfeld übermäßiger Ungewissheit entwickelt.[8]

Start-ups haben auch ein langfristiges Ziel: ein Unternehmen zu gründen, das wächst und die Welt verändert.
Dazu braucht der Gründer eine Vision.
Um diese Version zu realisieren, bringen die Gründer eine Strategie ein, die ein Geschäftsmodell, eine Produktlandkarte, eine Einstellung zum Thema Geschäftspartner und Konkurrenten beiinhaltet. Zudem umfasst es auch noch die bestimmten Vorstellungen mit Blick auf den potenziellen Kunden. Daraus ergibt sich das Produkt.[9]

Die Aktivitäten eines Start-up-Unternehmen sind neue Kunden zu gewinnen, sich um den Kundenstamm zu kümmern, Feinabstimmungen vornehmen, versuchen Produktmerkmale , Marketing und Betriebsabläufe zu optimieren sowie das Steuern unserer Fahrzeugen.[10]
Im tiefsten innen ist ein Start-up ein Beschleuniger, der die Ideen in Produkte umfunktioniert.[11]
Als **Gründer** werden die bezeichnet, die bei der Vorphase der formalen Gründung einen bedeutsamen Einfluss auf die Konzeption der Geschäftsidee hatten sowie die Personen, die die formale Gründung verwirklicht haben.[12]

Gründer lehnen formale und bürokratische Srukturen ab und versuchen diese gleichzeitig zu vermeiden. [13]

Der Aufbau von formalen Strukturen rentiert sich aus Sicht der Gründers erstmal nicht, da die Anzahl der Mitarbeiter, also der zu führenden Personen zu gering ist.[14]

Die erste Phase eines Start-ups beginnt mit der Konzipierung einer Idee.
Das Humankapital eines Start-ups bildet in den meisten Fällen die Geschäftsgrundlage für ein Start-up und kann nicht einfach ausgetauscht werden.[15]

Dies ist die sogenannte **Vorgründerphase** eines Start-up Unternehmens.
Der Gründer versucht aus seiner Vostellung und Idee ein unternehmerisches Ziel abzuleiten auf das er hinstrebt.
In dieser Phase kommt es häufig zur ersten Veränderung der Unternehmensleitung, die Gründer suchen nach Gründungspartnern, da sie zu dem Entschluss kommen, dass ihre persönlichen Interessen, Erfahrungen und Fähigkeiten nicht ausreichend sind um Erfolg zu haben.
Oft stammen diese Personen dann aus dem Freundes- und Familienkreis.
Sobald die Idee der unternehmerischen Tätigkeiten einen Status erreicht hat, geht das Unternehmen in Richtung **Gründungphase**.
Ab der Gründungphase, erfolgt die formale Gründung des Unternehmens.
Grundsätzlich sind in den Gründungs- und Frühentwicklungsphasen Unternehmen, die aus einem Hobby entstanden sind.[16]

Darauf folgt die **Wachstumsphase**.
Die Wachstumsphase beinhaltet die Herausforderung für den Gründer,die informellen und implizit Unternehmensprozesse zu organisationalen Strukturen zu formalisieren.

---

8 Vgl. Ries 2013, S.32
9 Vgl. Ries 2013, S.27
10 Vgl. Ries 2013, S.28
11 Vgl. Ries 2013, S.73
12 Vgl. Strauß 2015, S.13
13 Vgl. Strauß 2015, S.40
14 Vgl. Strauß 2015, S.41
15 Vgl. Strauß 2015, S.42
16 Vgl. Strauß 2015, S.15

Es kommt häufig vor, dass gerade junge Gründe den Fokus auf die technische Entwicklung oder den Sales-Bereich legen.
Die Aufgabe der Weiterführung und die Wieterentwicklung des Unternehmens wird dann häufig an die Personen weitergegeben, die Speziell aus dem bürokratischen Bereich stammen.
Nach einem erfolgreichen Wachstum, folgt die **Reifephase.**[17]
Diese Phase ist durch einen Stillstand des Wachstum gekennzeichnet und der Beginn eines Verdängungswettbewerbes.[18]

Das Gründerteams Definition
Immer mehr Personen in der heutigen Zeit teilen sich die Aufgaben und Risiken einer Unternehmensgründung, aufgrund dem Hintergrund der Anforderungen und der wachsenden Unsicherheit der Gründer.
Das Gründerteam ist eine interaktive, für einen bestimmten Zeitraum zusammenarbeitende Personengruppe zur Erreichung eines gemeinsamen Ziels.
Die Aufgaben die zum Ziel führen sollten am besten unter diesen Personen augeteilt sein.[19]

Entrepreneure Definition
Ein Entrepreneure ist derjenige, der ein neues Produkt oder Geschäftsfeld in extremer Ungewissheit entwickelt, wobei es nicht von relevanz ist, ob er dies unbewusst oder bewusst macht.[20]

Definition Crowdfinance und Crowdfunding
Die Crowd steht für ein Schwarm voller Menschen, die im Internet sich von der Idee überzeugen und begeistern lassen und stecken im Anschluss ihr geld zur Realisierung in die Idee hinein.
Crowdfunding ist eine Alternative zu Bankkrediten oder anderen Finanzierungsmöglichkeiten.[21]

3. Chancen im Allgemeinen von Start-ups

Die Chancenpotentiale von Start-ups umfassen eine flexible und kosteneffiziente Kompetenzbündlung.[22]

Unterschiedliche Faktoren steuern die Erfolgswahrscheinlichkeit eines Start-ups.
In der Gründungsphase und in den darauf folgenden Jahren zählt der Gründer zu dem Mittelpunkt.[23]
Für ein junges Unternehmen ist ein Netwerk an Kontakten in der jeweiligen Branche, in der die Gründer ihre Unternehmensgründung aufmachen möchte, oft ein überlebenswichtiges Know-how.[24]

Es finden sich immer häufiger sogenannte >Gründerteams< zusammen, da eine einzelne Person häufig nicht über alle notwendigen Kompetenzen und Eigenschaften verfügt.
Das Ziel von den Gründerteams ist es, gemeinsam unter Beachtung der individuellen Stärken ein

---

17 Vgl. Strauß 2015, S.16
18 Vgl. Strauß 2015, S.13
19 Vgl. Strauß 2015, S.26
20 Vgl. Ries 2013, S.32
21 Vgl.Umlauf 2013, S.23
22 Vgl http://www.zfo.de/hits.php?
docID=1506_12&sessID=7389D6ABB2431C18B7386045D41F37A0&chapterID=1&pageID=45&pages=45,46,47, 48,49 (Datum des letzten Zugriffs 07.11.2016)
23 Vgl. Strauß 2015 S.22
24 Vgl. Strauß 2015 , S.23

Unternehmen zu gründen.[25]

Gründer nutzen ihre Fähigkeiten der Begeisterung um Kooperationspartner von ihrer Idee zu überzeugen und um ihre Mitarbeiter zu motivieren.[26]
Die sogenannte Lean-up-Methode zeigt den Gründern wie man ein Start-up-Unternehmen führt. Kurz erklärt : Man kann mithilfe eines Steuerinstrument, der sogenannten Bauen-testen-lernen-feedbackschleife fortlaufende Anpassungen in Angriff nehmen.
Der Steuerprozess überliefert das Wissen, wenn es zeit ist für eine radikale Wende, eine Kurskorrektur ist und wann es genau gilt, den Kurs aufrechtzuerhalten.[27]

Selbstverwirklichung ist ein Bestandteil des inneren Verlangens des Menschens.
Die Vorteile zur Gründung eines eigenen Unternehmens sind die Selbstbestimmung und Ideenverwirklichung.
Obwohl jeder Arbeitnehmer die Möglichkeit hat sich im Beruf zu verwirklichen, gelingt es nur der Minderheit.[28]

Eine überaus starke innere Motivation sollten alle Gründer besitzen.[29]

Internet Start-up Unternehmen genießen in Deutschland ein hohes Ansehen.[30]

Laut einer Studie , sieht jeder Dritte Deutsche Start-ups als vorbildlich an.[31]

3.1 Finanzierungsmöglichkeiten Chancen

Die Herausforderung, genügend Ressourcen für ihre Unternehmen zu beschaffen, vor dieser stehen die meisten Gründer am Anfang.[32]
Die Möglichkeiten sind vielseitig: reine Eigenkapitalfinanzierung durch eigene Mittel, finanzielle Unterstützungsmöglichkeiten der Familie, über einen KFW- Kredit, Kredite bei der Hausbank oder eine Finanzierung durch spezialisierte Risikokapitalgeber.[33]

Von großer Popularität ist daher die Fremdkapitalfinanzierungsmöglichkeit im Rahmen von Unternehmensgründungen.
Daraus hat sich ein eigener Industriezweig herausgebildet.
Risikokapitalgeber oder Venture Capitalist haben sich auf die Gründungsfinanzierung von Start-ups festgelegt.[34]

Eine einzig attraktive Bankalternative zu Kapitallbeschaffung veranschaulicht Crowdfinance .
Crowdfinance ist die Lösung für den Großteil der Probleme der hiesigen Unternehmenslandschaft.[35]

---

25 Vgl.Strauß 2015 , S.26

26 Vgl.Strauß 2015 , S.40

27 Vgl. Ries 2013, S.27
28 Vgl.Strauß 2015, S.17
29 Vgl.Strauß 2015, S.18
30 Vgl http://www.manager-magazin.de/finanzen/artikel/a-91918.html (Datum des letzten Zugriffs 07.11.2016)
31 Vgl http://www.manager-magazin.de/finanzen/artikel/a-91918.html (Datum des letzten Zugriffs 07.11.2016)
32 Vgl. Strauß 2015, S.96
33 Vgl. Strauß 2015, S.16
34 Vgl. Strauß 2015, S.97
35 Vgl. Umlauf 2013, S.6

82.000.000 wollen die Chance wahrnehmen und spannende Innovationen bei der Kapitalbeschffaung zu unterstützen, dank Crowdinvesting.[36]

Als Business Angel ist man stolz darauf wenn man das Potenzial der Gründer entdeckt hat und kann davon noch zusätzlich profitieren.Crodinvesting beinhaltet die Chance an der Unternehmenslandschaft der Zukunft teilzuhaben und das Geld anzulegen und zu vermehren. Dabei ist zu beachten, dass man als Business Angel eine Einschränkung hat, man besitzt kein Stimmrecht und kann die Unternehmenswege in keiner Art und Weise leiten.
Andererseits ergeben sich daraus auch keine Verpflichtungen.[37]

Die Unternehmer bekommen die Chance ihre Idee einer großen Masse zu präsentieren und ein daraus resultierendes kostenloses,transparentes und unverfälschtes Feedback zu erhalten.[38]
Für den Unternehmer ist dies von einem weiteren Vorteil gekennzeichnet, denn die Gründer haben die Zügel in der Hand und können ungehindert so vorgehen wie sie das möchten.[39]

Ressourcenrisiko (insbesondere Finanzmittel, Reichweite)
Die Unsicherheit einer Unternehmensgründung ist besonders hoch, da die finanziellen Ressourcen für die Gründer eines Unternehmens, recht eingeschränkt sind.[40]
Beim Crowdfinance besteht die Gefahr, dass die Idee des Unternehmens nicht funtioniert oder sogar Insolvenz geht.[41]

3.2 Arbeiten im Start-up Chancen

Da die Gründer jeden Mitarbeiter persönlich eingestellt haben, den jeweiligen Namen kennen und über den Hintergrund Bescheid wissen, kommt ihnen zu Gute, dasssie wissen was die Person für eine Aufgabe im Unternehmen gewinnt.
Das Resultat daraus ist, dass sich die jungen Mitarbeiter direkt, persönlich und unmittelbar angesprochen fühlen.[42]

Das Sammeln von eigenen Erfahrungen füe eine mögliche eigene spätere Unternehmensgründung ist einer der Motive bei Bewerbungen in Start-ups.Angetan von der Start-up-Atmosphäre, also von einem jungen, dynamischen, unkonventionellen und weniger bürokratischem Umfeld.Die Gründer heben die Bedeutung jedes Einzelnen ihrer Aufgaben für das gemeinsame Ziel des Unternehmensaufbau hervor.[43]

Die folgende Abbildung veranschaulicht wie beliebt das Start-up Unternehmen Snapchat bei

---

36 Vgl. Umlauf 2013, S.13
37 Vgl. Umlauf 2013, S.14
38 Vgl. Umlauf 2013, S.16
39 Vgl. Umlauf 2013, S.22
40Vgl.Strauß, Eik: Praxihandbuch Start-up-Managament, S.24

41 gl.Umlauf, Sven: 82 Millionen Business Angel, S.15
42Vgl.Strauß 2015, S.41

43Vgl. Strauß 2015, S.40

Investoren geworden ist:[44]

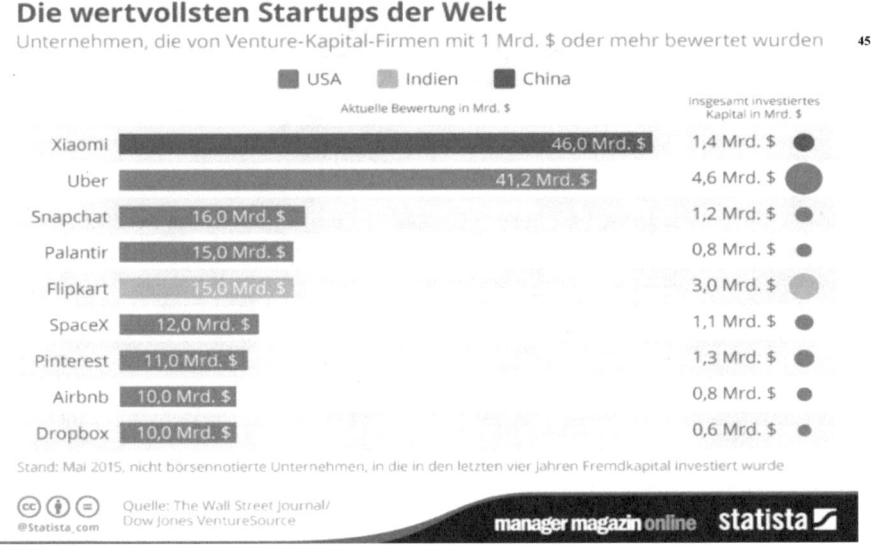

Arbeiten im Start-up Risiken

Gegenübern potenziellen Mitarbeitern müssen die Gründer ihr Unternehmen und ihre Idee attraktiv zu vermarken. Etablierte Unternehmen besitzen ein gewisses Image (z.b. BMW) und angebrachte Löhne sowie vorgezeichnete Karrierewege für die Arbeitnehmer.Im Gegensatz dazu verfügen Gründer häufig nicht mehr als über ihre eigene idee und das eigene Charisma.[46]

Die Gründer müssen ihre Mitarbeiter gerade anfangs ständig zu motivieren.[47]

Es resultiert ein höheres Risiko für Bewerber bei einem Start-up, ihren Job wieder schnell zu verlieren.Zudem nehmen die Bewerber auf sich, das Gehaltseinbußen bei gleichzeitiger hoher Arbeitsbelastung möglich sind .[48]

Gegenübern potenziellen Mitarbeitern müssen die Gründer ihr Unternehmen und ihre Idee attraktiv zu vermarken. Etablierte Unternehmen besitzen ein gewisses Image (z.b. BMW) und angebrachte

---

44 Vgl http://www.manager-magazin.de/unternehmen/it/mm-grafik-die-wertvollsten-startups-der-welt-a-1036552.html
   (Datum des letzten Zugriffs 07.11.2016)
45 Vgl http://www.manager-magazin.de/unternehmen/it/mm-grafik-die-wertvollsten-startups-der-welt-a-1036552.html
   (Datum des letzten Zugriffs 07.11.2016)
   46 Vgl. Strauß 2015, S.23

47 Vgl. Strauß 2015, S.23

48 Vgl.Strauß 2015, S.40

Löhne sowie vorgezeichnete Karrierewege für die Arbeitnehmer.Im Gegensatz dazu verfügen Gründer häufig nicht mehr als über ihre eigene idee und das eigene Charisma.Die Gründer müssen ihre Mitarbeiter gerade anfangs ständig zu motivieren.[49]

Es resultiert ein höheres Risiko für Bewerber bei einem Start-up, ihren Job wieder schnell zu verlieren.Das Sammeln von eigenen Erfahrungen füe eine mögliche eigene spätere Unternehmensgründung ist einer der Motive bei Bewerbungen in Start-ups.Angetan von der Start-up-Atmosphäre, also von einem jungen, dynamischen, unkonventionellen und weniger bürokratischem Umfeld.Die Gründer heben die Bedeutung jedes Einzelnen ihrer Aufgaben für das gemeinsame Ziel des Unternehmensaufbau hervor.[50]

Es wurde eine Umfrage gestartet, 143 Gründerinnen und Gründer wurden zu den Gehältern ihres Unternehmen befragt.31.400 verdient der, der in ein neu gegründetes Unternehmen einsteigt. Dies im im Gegensatz zu vergleichbaren Posten in etablierten Unternehmen weniger. Das ist so weil Start-ups oft noch keine oder nur geringe Umsätze machen und viel Geld in das Produkt stecken.Das Resultat ist das der Spielraum für die Personalkosten kleiner ist als bei etablierten Unternehmen. [51]

In der folgenden Abbildung ist das Ergebnis der Gehälter in Start-ups anschaulich dargestellt.[52]

3.3 Risiken von Startups

Jede zweite Unternehmensgründung besteht die ersten fünf Jahre nicht, dies gilt als statisch bewiesen.
Die wahrscheinlichen Gründe dafür sind: mangelnde Kapitalausstattung, persönliche Vorraussetzungen, mangelhafte Vorbereitung oder schwer überbrückbare Markteintrittsbarrieren.[53]

Negative Anregungen zur Gründung eines Start-ups sind Arbeitslosigkeit, eine schlechte finanzielle Situation und beruflich schwierige Perspektive.[54]

Anhaltspunkte für die Erfolgswahrscheinlichkeiten eines Unternehmens waren früher: Ein guter Geschäftsplan, eine hieb- und stichfeste Strategie und gründliche Marktforschungsaktivitäten. Bei Start-ups funktionieren diese Anhaltspunkte nicht mehr, da diese in einem Umfeld von extremer Ungewissheit agieren.
Die Zukunft zu prognostizieren wird immer schwerer, da Welt immer unwägbarer wird.Daraus ergibt sich, dass der Gründer nicht genau weiß wer der Kunde ist oder wie sein Produkt beschaffen soll. Traditionelle Manangermethoden sind für diese Aufgabe nicht mehr gewapnet.
Start-ups fehlt oder mangelt es an einer langen Unternehmensgeschichte und einer relativ statischen

---

49 Vgl.Strauß 2015, S.23

50 Vgl. Strauß 2015, S.40

51 Vgl http://www.manager-magazin.de/unternehmen/it/gehaltsvergleich-was-man-bei-deutschen-startups-verdient-a-1117701.html (Datum des letzten Zugriffs 07.11.2016)

52 Vgl http://www.manager-magazin.de/unternehmen/it/gehaltsvergleich-was-man-bei-deutschen-startups-verdient-a-1117701.html (Datum des letzten Zugriffs 07.11.2016)

53 URL:http://www.zfo.de/hits.php?docID=1506_12&sessID=7389D6ABB2431C18B7386045D41F37A0&chapterID=1&pageID=45&pages=45,46,47,48,49

54 Vgl.Strauß, Eik: Praxihandbuch Start-up-Managament, S.20

Umgebung. Daraus folgt, dass Planung und Prognose nicht treffsicher sind.[55]

Nur ganz bestimmte Persönlichkeiten entscheiden sich grundsätzlich zu einer Unternehmensgründung, aufgrund von etlichen Herausforderungen, die auf die Gründer zukommen.[56]

Der schnelle Anstieg einer Mitarbeiteranzahl, überrascht häufig die unerfahrenen Gründer und bringt das genutze Führungsinstrument der persönlichen Weisung schnell an seine Grenzen. Durch eine abgeneigte Haltung gegenüber der Bürokratie entweder absichtlich oder unabsichtlich wird der Aufbau interner Organisationsstrukturen vernachlässigt.
Diese fehlende Vorbereitung kann sich jedoch für den Gründer eines Start-ups schnell bestrafbar machen.[57]

Die Schwierigkeit an das neu gegründete Unternehmen und an den Gründer variieren im Zeitablauf und in Abhängigkeit der Entwicklung des Unternehmens.[58]
Bei einem Mangel an angemessener Eigenmotivation beim Gründer besteht die Gefahr für ein Start-up, dass Unternehmen bei Problem zu früh aufzugeben.[59]
Im ersten Schritt der Unternehmensgründungen sehen viele Gründer – gerade junge, unerfahrene- nur die eigentliche Gründung und vergessen häufig die enorme Bedeutung des Verkaufens.

Es ist nicht nur das eigentliche Verkaufen damit gemeint, sondern auch die Tätigkeiten, die bereits viel früher stattfinden. Dazu gehört die Idee im Rahmen einer Investorensuche gut vermarkten zu können.[60]

Fehlt die nötige Überzeugungskraft und ein gewisses Verkaufstalent bei den Gründern, so wird sich die Kapitalbeschaffung entsprechend kompliziert umsetzen lassen.
Junge Unternehmer besitzen häufig ein Defizit in der Mitarbeiterführung. Sie müssen sich in einem kurzen Zeitrahmen in die Rolle eines Unternehmensleiters hineinfinden, dies ist nicht immer problemlos.
Schwer zu begreifen für die meisten Gründer ist, dass die Angesenheit im Unternehmen meist nicht so wichtig ist wie die klare Kommunikation von Kritik.
Die Gründer müssen ihre Mitarbeiter gerade anfangs ständig zu motivieren. Das Problem gerade für junge, frisch gegründete Unternehmen liegt darin, dass ihnen die Möglichkeiten wie ghealtserhöhungen zur Motivation fehlen. Im Gegensatz dazu bieten etablierte Unternehmen ihren Mitarbeitern eine gewisse Jobsicherheit und Gehaltserhöhungen.[61]

Die unternehmerische Umwelt ist von Unsicherheiten geprägt, aus den Zeiten in denen Großbanken und ganze Staaten insolvent sein können. Bei einer Unternehmensgründung ist die Gefährdung besonders groß, da nur wenige etablierte Prozesse bestehen.[62]

Die Rolle der Risikomanagementfunktion kann als eine Absicherung des Geschäftes verstanden werden .

---
55 Vgl. Ries, Eric: Lean Startup, S.16
56 Vgl. Strauß, Eik: Praxihandbuch Start-up-Managament, S.17
57 Vgl. Strauß, Eik: Praxihandbuch Start-up-Managament, S.12
58 Vgl. Strauß, Eik: Praxihandbuch Start-up-Managament, S.14
59 Vgl. Strauß, Eik: Praxihandbuch Start-up-Managament, S.18
60 Vgl. Strauß, Eik: Praxihandbuch Start-up-Managament, S.23
61 Vgl. Strauß, Eik: Praxihandbuch Start-up-Managament, S.23

62Vgl. Strauß, Eik: Praxihandbuch Start-up-Managament, S.24

In der Start-up-Phase müssen natürlich auch finanzielle Investitionen gemacht werden, wie die Anmietung von Büroräumen.
Es gibt nur wenige finanzielle Mittel für die Unternehmensgründung eines Start-ups. Das heißt, dass das Start-up nur auf geringe Finanzreserven zurückgreifen könnte, im Fall einer unvorhergesehener Umstände.[63]

Die Überlebenschance eines Start-ups ist im Vergleich zu etablierten Unternehmen schlechter sowie deren zukünftige Entwicklung.Daraus entsteht für die Bewerber, ein höheres Risiko ihren Job wieder schnell zu verlieren.[64]

Gerade junge Gründer stellen immer mehr Mitarbeiter also normalerweiser benötigt, was einerseits dazu führt, dass die Mitarbeiter entlastet werden und möglicherweise die Menge an Aufgabenträgern vergrößert. Zu diesem Zeitpunkt probieren die Gründer noch an ihrem persönlichen Führungskonzept der persönlichen Gründung festzuklammern.Die Zentralisierung auf den Gründer kann schnell zur Gefahr für das Start-up werden, da die Start-up-Phasen durch die Notwendigkeit schneller Entscheidungen gekennzeichnet sind.Die Zentralisierung auf den Gründer des Unternhemens stellt eine ernsthaftzunehmende Bedrohung für das Unternehmen dar.[65]

Die Unsicherheit einer Unternehmensgründung ist besonders hoch, da die finanziellen Ressourcen für die Gründer eines Unternehmens, recht eingeschränkt sind.[66]
Beim Crowdfinance besteht die Gefahr, dass die Idee des Unternehmens nicht funtioniert oder sogar Insolvenz geht.[67]

Anhaltspunkte für die Erfolgswahrscheinlichkeiten eines Unternehmens waren früher: Ein guter Geschäftsplan, eine hieb- und stichfeste Strategie und gründliche Marktforschungsaktivitäten.Bei Start-ups funktionieren diese Anhaltspunkte nicht, da diese in einem Umweld von extremer Ungewissheit agieren.Die Zukunft zu prognostizieren wird immer schwerer, da Welt immer unwägbarer wird.Daraus ergibt sich, dass der Gründer nicht genau weiß wer der Kunde ist oder wie sein Produkt beschaffen soll. Traditionelle Manangermethoden sind für diese Aufgabe nicht mehr gewappnet.Start-ups fehlt oder mangelt es an einer langen Unternehmensgeschichte und einer relativ statischen Umgebung.Daraus folgt, dass Planung und Prognose nicht treffsicher sind.[68]

Die Business Angels beklagen, dass es den deutschen Start-ups an Controlling fehlt.Die Gefahr besteht zwischen Investoren und Start-ups, da in den individuellen Finanzierungsvereinbarungen es in mangelnder Durchschaubarkeit liege.Zudem missachten Gründer öfters ihr Liquidität und überschätzen diese.Des Weiteren, schätzen die Gründer die Dauer bis zur Marktreife ihrer Produkte.Aufgrund des fehlenden Projektmanagement, kommt es zu Gefahr der Abschlussfinanzierung, da den Gründern mehrere Male das Geld ausgeht.[69]

---

63 Vgl. Strauß Erik: Praxihandbuch Start-up-Management, S.34
64 Vgl. Strauß Erik: Praxihandbuch Start-up-Management, S.40
65 Vgl. Strauß Erik: Praxihandbuch Start-up-Management, S.42
66 Vgl. Strauß 2015, S.24

67 Vgl. Umlauf 2013, S.15
68 Vgl. Ries 2013, S.16
69 Vgl http://www.controllingportal.de/News/Startups-fehlt-Know-how-im-Controlling.html?sphrase_id=7484430
(Datum des ltzten Zugriffs 07.11.2016)

4. Fazit

Ziel der vorliegenden Hausarbeit war es, die Forschungsfrage, was die Chancen und Risiken eines Start-up Unternehmen sind zu beantworten.

Die Relevanz der Voraussetzungen zur Gründung eines Start-ups für die Gründer dürfen nicht unterschätzt werden.
Die Eigenmotivation gehört zu den wichtigsten Eigenschaften von Gründern, die ein Start-up Unternehmen gründen möchten.
Ihre innovative Idee sollten die Gründer so gut wie es geht vermarkten können.
Des Weiteren, darf es den Gründern nicht an einer angemessenen Qualifikation, sowie Organisations- und Improvisionstalent nicht fehlen.

Für die Chancen eines Start-ups gibt es vielfältige Erfolgsfaktoren.
Ein stabiles Netzwerk an Kontakten in der jeweilen Branche des Gründers ist ein wichtiger Punkt für den Erfolg des jeweiligen Start-ups.
Da die Gründer nicht alleine über alle notwendigen Kompetenzen verfügen, ergibt sich die Chance sich als ein Gründerteam zusammenzufinden.
Jeder Gründer der ein Start-up gründet kann seine Idee verwirklichen und einen wichtigen Teil der Bedürfnisse jedes Menschen erfüllen, die Selbstverwirklichung.
Des Weiteren ergeben sich auch weitere Chancen und Vorteile für die Mitarbeiter des Start-ups.
Da die Mitarbeiter persönlich von den Gründern des Start-ups eingestellt worden sind, kennen sie deren Namen, was zu einem besseren Arbeitsklima führt.
Zudem ergibt sich die Chance für die Mitarbeiter, viele Erfahrungen zu sammeln die später für eine mögliche Unternehmensgründung relevant sind.

Für die Erfolgsfaktoren von Start-ups in allen Phasen des Entwicklungsprozesses des Unternehmens umfasst das zentrale Ergebnis einer Studie von vier Existenzgründungen, dass ein Netzwerk von jungen und etablierten Partnern gemeinsam unternehmerische Verantwortung tragen sollten.[70]

Die Risiken eines Start-ups
Da die Geschäftsgrundlage von Start-ups meistens durch das Humankapital gekennzeichnet ist, ist zu beachten, dass dieses Humankapital wirkungsvoll genutzt wird und deshalb eine offene Diskussion über die Stärken und Schwächen der einzelnen Mitarbeiter unumgänglich ist.[71]
Um die Bedrohung der Fokussierung auf die Gründerperson des Unternehmens zu vehindern, sollte der Unternehmer damit anfangen, Entscheidungskompetenzen an seine Mitarbeiter zu verteilen und zum Teil abzugeben.[72]

---

70 http://www.zfo.de/hits.php?docID=1506_12&sessID=7389D6ABB2431C18B7386045D41F37A0&chapterID=1&pageID=45&pages=45,46,47,48,49 (Datum des letzten Zugriffs 10.11.2016)
71 Vgl. Strauß Erik: Praxihandbuch Start-up-Management, S.42
72 Vgl. Strauß Erik: Praxihandbuch Start-up-Management, S.42

Literaturverzeichnis

Strauß, Erik (2013): Praxishandbuch Start-up-Management, 1. Auflage 2015, WILEY-VCHH Verlag GmbH & Co. KgaA, Bochstr. 12, 69469 Weinheim, Germany

Ries, Eric Lean Startup (2011): 2. Auflage 2013, Redline Verlag ein Imprint der Münchener Verlagsgruppe GmbH, Nyphenburger Straße 86, 80636 München

Umlauf, Sven (2013): 82. Millionen Business Angel, epubli GmbH, Berlin
Gründerszene: Warum Startups scheitern

Hofman, Alex: Warum Startups scheitern (18.09.2016), URL:
http://www.gruenderszene.de/allgemein/warum-startups-scheitern (Datum des letzten Zugriffs 07.11.2016)

Schramm Dana: Von den Chancen uind Risiken eines Start-up Investments (1.03 2013), URL:
http://blog.seedmatch.de/2013/03/01/von-den-chancen-und-risiken-eines-startup-investments/
(Datum des letzten Zugriffs 07.11.2016)

Wallstreet Online :
URL: http://www.wallstreet-online.de/ratgeber/finanzen-steuern-versicherung/anlagen-und-investitionen/existenzgruendung-risiko-und-chancen-in-startups (Datum des letzten Zugriffs 07.11.2016)

Start-ups.de, Das Onlineportal für Unternehmensgründer:
http://www.startups.de/de/informieren/risiken/risiken/ (Datum des letzten Zugriffs 07.11.2016)

Inventorscout, Warum Startup- Unternehmen scheitern:
http://inventorscout.de/warum-scheitern-startup-unternehmen/ (Datum des letzten Zugriffs 07.11.2016)

Heimerl, Sabine / Reiß, Michael, Zeitschrift für Führung und Organisation (1998):
http://www.zfo.de/index.php?mod=docDetail&docID=1506_12&search=start*
(Datum des letzten Zugriffs: 16.11.2016)

Manager Magazin, Deutsche vertrauen Startups mehr als Briten (05.09.2000):
http://www.manager-magazin.de/finanzen/artikel/a-91918.html (Datum des letzten Zugriffs 16.11.2016)

Rechenburg, W.V: Startups fehlt Know- How im Controlling (18.02.2016):
http://www.controllingportal.de/News/Startups-fehlt-Know-how-im-Controlling.html?sphrase_id=7484430 (Datum des letzten Zugriffs 16.11.2016)

Manager Magazin,Was man bei deutschen Startups verdient (21.10.2016):
http://www.manager-magazin.de/unternehmen/it/gehaltsvergleich-was-man-bei-deutschen-startups-verdient-a-1117701.html (Datum des letzten Zugriffs 16.11.2016)

BEI GRIN MACHT SICH IHR WISSEN BEZAHLT

- Wir veröffentlichen Ihre Hausarbeit, Bachelor- und Masterarbeit

- Ihr eigenes eBook und Buch - weltweit in allen wichtigen Shops

- Verdienen Sie an jedem Verkauf

Jetzt bei www.GRIN.com hochladen und kostenlos publizieren